THE SHADOW WORK JOURNAL

Guida pratica al lavoro sull'Ombra

GIUNTI

Le indicazioni contenute in questo volume hanno valore puramente informativo e in nessun caso possono costituire la formulazione di una diagnosi o la prescrizione di un trattamento. Non intendono e non devono in alcun modo sostituire il rapporto diretto medico-paziente o la visita specialistica; la scelta e la prescrizione di una terapia spettano infatti al medico curante, che solo può valutare eventuali rischi collaterali. L'editore declina ogni responsabilità per qualunque uso improprio del testo.

Testi: Ippolita Douglas Scotti

Credito fotografico dell'intero corredo illustrativo: ©stock.adobe.com

www.giunti.it

Via Bolognese 165 – 50139 Firenze – Italia
Via G.B. Pirelli 30 – 20124 Milano – Italia
Prima edizione: febbraio 2024

FSC
www.fsc.org
MISTO
Carta da fonti gestite in maniera responsabile
FSC® C115118

Stampato presso Elcograf S.p.A. – Stabilimento di Cles

Quando volgi le spalle al sole
non vedi che la tua ombra.
Khalil Gibran

Sommario

Un viaggio dentro di te

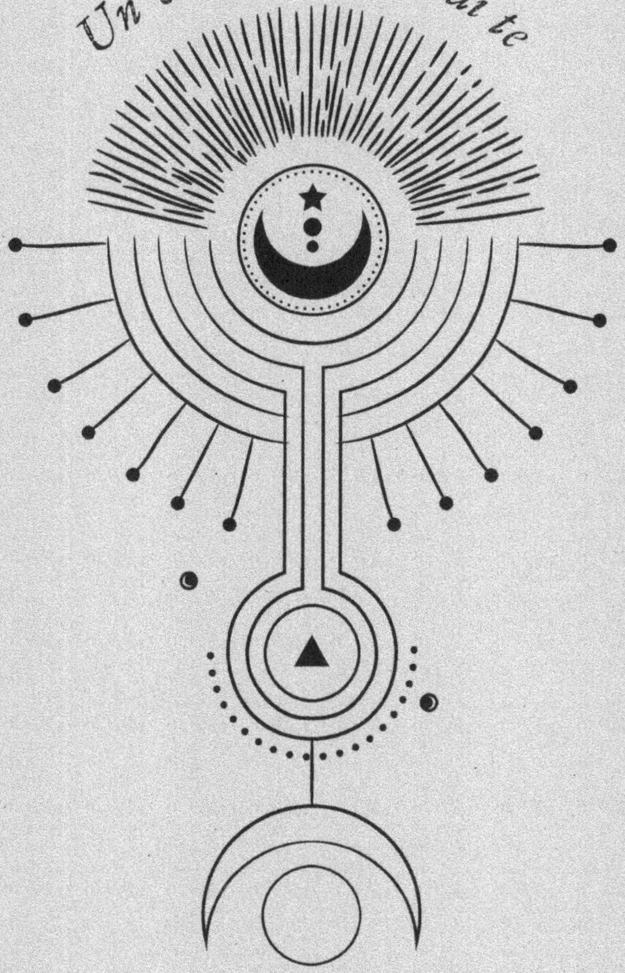

Premessa

Un viandante percorre un sentiero solitario, immerso nella nebbia e nell'oscurità di una notte senza luna. Il suo passo è lento, ostacolato da un forte vento e reso incerto dalle tenebre. Intorno a lui, nessuno. Riesce a malapena a mantenersi sul suo cammino, rischiarato a stento dalla luce di una piccola lanterna. Quella esile fiammella rischia di spegnersi, piegata dal vento. Il viandante deve proteggerla, a ogni costo. Da quella luce dipende la sua sopravvivenza. Ad accrescere questa sensazione di angoscia, la presenza di una lunga ombra, enorme, che incombe alle spalle del viandante. Non ha una forma precisa, ma ovunque il viandante si muova, l'ombra lo segue. Non lo avvolge, ma non se ne distacca. Eppure, nonostante il terrore, egli prosegue il suo cammino. La sua unica preoccupazione è non far spegnere la piccola luce che lo guida.

Il breve racconto che hai appena letto è contenuto nel saggio *Ricordi, sogni, riflessioni* di Carl Gustav Jung. Si tratta della descrizione di un sogno che lo psicologo svizzero, ormai ottantenne, affida alla collega Aniela Jaffé nell'estate del 1956. Così prosegue Jung:

Al mio risveglio mi resi conto che ciò che mi angosciava, l'indecifrabile sagoma scura dietro di me altro non era che la mia stessa Ombra che si proiettava nella nebbia e che era generata dalla piccola luce che tenevo di fronte a me: questa piccola luce, l'unica su cui potevo fare affidamento, era la mia coscienza. Questa fiammella è il più grande tesoro che si possa avere, e anche l'unico: una piccola luce spersa nelle tenebre, e tuttavia la sola cosa che può indicare il cammino.

Le pagine che seguono non vogliono entrare nel profondo del pensiero di Jung, la cui analisi richiederebbe ben altro spazio. Vogliono solo prendere spunto da questa breve ma significativa riflessione per entrare nel profondo del *tuo* pensiero, e farti guidare dalla tua luce interiore prendendo coscienza delle ombre che ti seguono, che ti avvolgono, e che sono generate da te.
Ti renderai conto, inoltre, di come in realtà sia tu a proiettare la tua Ombra anche sugli altri, attribuendo loro le negatività che ti assillano.

Capirai così la reale natura dell'Ombra, come comprenderla e come farla tua alleata.

Attraverso questo diario-guida porterai alla luce ciò che non sapevi di possedere, e conoscerai ciò che di te avevi nascosto o dimenticato.

Queste pagine, quindi, sono rivolte alla tua parte interiore, alle tue sensazioni più intime, alle tue emozioni più profonde, alle tue paure e alle tue speranze, alle tue angosce e alle tue certezze.

Sono rivolte a ciò che fa sì che tu sia quello che sei. Questo mondo interiore, che non è il tuo corpo, ma che è *anche* il tuo corpo. Questo universo complesso fatto di ricordi e di aspettative, di sentimenti e di razionalità, di cuore e di cervello. Questa entità indefinibile ma della cui esistenza hai certezza, quella cosa che sai che c'è, ma non sai esattamente che cosa sia e come sia fatta. Questo mistero che ciascuno di noi possiede, e sa di possedere, ma del quale spesso vuole ignorare la presenza, il ruolo e la natura. Questa essenza che ha preso molti nomi e ha assunto svariati volti, nel corso dell'esistenza umana: spirito, autocoscienza, intelletto, personalità, inconscio, istinto, mente, psiche, forza vitale…

Noi, qui, la chiameremo, e ci indirizzeremo a lei, con il termine più intuitivo, spontaneo, immediato e allo stesso tempo non inquadrabile nella gabbia di una definizione. Ci rivolgeremo a lei, quindi, al femminile, perché così ci ha abituato la lingua italiana.

Parleremo alla tua Anima.

Come funziona questo libro

Se hai preso in mano questo libro, vuol dire che la tua Anima è pronta a intraprendere un viaggio. E, come ogni viaggio, presuppone un punto di partenza, un itinerario, una meta e – per facilitare le cose – una guida.

Le pagine che sfoglierai vogliono essere quindi questo: una guida, un'indicazione sul percorso da fare, sulle cose sulle quali soffermarsi, sui punti che meritano più attenzione. Ciò non toglie che ciascuno di noi possa scoprire cose che sulla guida non sono indicate, e che i nostri interessi prevalgano su ciò che viene qui offerto.
Considera quindi ciò che troverai, a cominciare dalla prossima pagina, come un suggerimento e una proposta, mai come un compito o un obbligo.

Il libro ha la funzione di un quaderno operativo: è un testo che in gran parte scriverai e completerai tu, sia in senso pratico (cioè usandolo fisicamente come uno spazio in cui scrivere) sia in senso metaforico (cioè usandolo per aiutare a scrivere – e a leggere – nella tua Anima).
Puoi quindi usare queste pagine per annotare ciò che pensi, senti, ricordi, desideri, ti riprometti, oppure servirti di un normale quaderno o blocco di appunti sul quale riportare le tue sensazioni e impressioni. Questo approccio si può rivelare particolarmente utile se hai intenzione di seguire un cammino, e – anche a distanza di tempo – andare a ripercorrere, come in un album di fotografie o un diario di ricordi, come ti sentivi in un particolare periodo della tua vita, comprendere l'evoluzione e lo sviluppo del tuo itinerario, confrontarti con il "tu" che eri prima.

È un viaggio che si può percorrere da soli, ma anche in coppia, per comprendere e migliorare un rapporto, risolvere situazioni conflittuali, esprimere ciò che può essere difficile da dire, riconoscere dove siamo e dove vogliamo andare.
E come per tutti i viaggi che ci hanno appassionato, si può compiere più volte, in compagnia di chi vogliamo: un itinerario da consigliare e condividere con chi ci sta a cuore.
Il cammino potrà sembrare faticoso, a volte impossibile, tanto da far venir voglia di fermarsi e tornare indietro. Il bagaglio che porterai con te sarà forse ingombrante e pesante, e capirai che avrai bisogno di liberarti di cose che ritenevi indispensabili e che invece si rivelano inutili. Oppure scoprirai che

ti trascinavi dietro una zavorra che non sapevi nemmeno di avere. O, ancora, nel corso del cammino troverai doni preziosi da conservare e portare sempre con te, eventualmente per poter a tua volta offrirli ad altri.

Questo percorso non è un obbligo: è una scoperta graduale. Nessuno controllerà il tempo che impieghi, o ti porrà degli obiettivi prefissati, senza aver superato i quali non ti sarà possibile proseguire. Nessuno ti criticherà se deciderai di interromperlo, riprenderlo quando ti sentirai più a tuo agio, oppure se vorrai fare delle deviazioni dagli itinerari proposti, tornare sui tuoi passi o ripeterlo più volte.

È il *tuo* viaggio.
Un viaggio dentro ciò che più è affascinante e inatteso.

Un viaggio dentro di te.

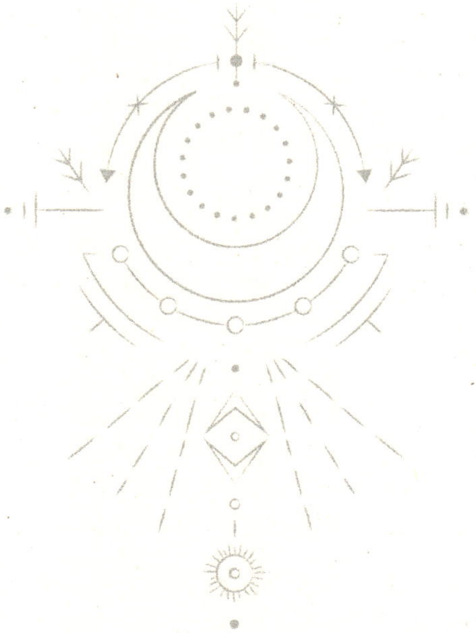

Alcuni consigli pratici

Adesso che siamo pronti per cominciare, ecco alcuni consigli pratici. Il primo è questo: affronta il tuo viaggio con serenità, non lasciare che queste pagine si rivelino per te una fonte di ansia.

Intraprendi il percorso con la mente il più libera possibile e il corpo rilassato.

Anche l'ambiente e il contesto in cui deciderai di usare questa guida sono importanti: davanti a un caminetto acceso, sul divano con il tuo gatto accoccolato in grembo, a letto mentre sorseggi la tua tisana preferita, sul pavimento in tuta da ginnastica con la musica in cuffia... Non esiste un posto ideale, se non quello che decidi tu e che ti fa sentire più a tuo agio con la tua Anima.

Esistono molte tecniche di rilassamento che predispongono alla meditazione.

Accendere bastoncini di incenso può aiutarti a distendere il corpo e lo spirito ed entrare in uno stato neutrale per comprendere che non ti stai identificando con i tuoi pensieri, ma stai liberando la mente.

Se ti è difficile entrare nel giusto "clima interiore", prova a fare così: rilassati e trova una posizione comoda in completa solitudine, cercando di allontanare ogni distrazione sia esterna (rumori del traffico, televisione, luci forti o intermittenti, temperatura non adatta, abiti poco confortevoli, odori fastidiosi o – perché no – particolarmente allettanti...) sia interna (preoccupazioni per una scadenza, un appuntamento al quale non puoi mancare, le bollette da pagare, la telefonata che devi per forza fare ma che continui a rimandare...). Chiudi gli occhi e assapora l'energia sottile che ti pervade. Focalizza la tua attenzione sulle punte dei tuoi piedi e percorri mentalmente tutto il corpo come se fosse lambito da una dolce onda, soffermandoti su ogni punto per percepire la tua consapevolezza fisica e mentale.

Cerca di svuotare la mente da pensieri caotici e negativi. Respira in modo lento. Il respiro è vita.

Inspira profondamente, trattieni l'aria finché puoi ed espira, liberandoti dalle scorie. Continua fino a raggiungere uno stato di leggerezza.

Richiama a te tutte le energie positive, concentrandoti sui complimenti ricevuti, gli obiettivi raggiunti, le sensazioni che ti fanno stare bene.

Cerca un benessere che sia presente, ma che non sia tanto ingombrante da risultare un peso.

Alleggerisci la tua Anima da ogni zavorra.

Il viaggio sta per cominciare.

Prima sezione

Che cos'è l'Ombra

Alla scoperta dell'Ombra

La natura dell'Ombra

Come abbiamo accennato, il concetto di Ombra è stato analizzato in maniera approfondita da Carl Gustav Jung. Ma non è una sua "scoperta". Dentro di noi coabitano aspetti fra loro apparentemente contrapposti e che non possono conciliarsi, è una realtà nota fin dai tempi antichi, e alla quale il genere umano ha cercato in vario modo di trovare risposta: con la religione, la superstizione, la razionalità, la scienza, la meditazione, la filosofia e un'infinità di tecniche, pratiche e metodi che variano a seconda delle epoche, dei luoghi e dei contesti.

Il fatto che esista un numero così vasto di tentativi di trovare una risposta significa che probabilmente non ne esiste una sola, un unico metodo, una soluzione definitiva.

Cerchiamo dunque di partire da una tappa precedente alla ricerca della risposta, e lo facciamo con una domanda.

Che cos'è l'Ombra?

Riconoscere e comprendere l'Ombra

Innanzitutto le parole hanno una loro importanza: come morte non si contrappone a vita, ma a *nascita*, così l'Ombra non va vista come buio totale, assenza di luce o "mancanza" di qualcosa.

Se esiste una condizione in cui ci si senta – e si sia effettivamente – vivi, non esiste una condizione in cui ci si trovi a essere costantemente morti. Nascita e morte sono due passaggi di un unico itinerario che si chiama esistenza, non l'inizio e la fine di esso.

L'Ombra non è quindi un'entità malvagia contro la quale devi lottare. Non è l'incarnazione del Male, o un principio ultraterreno che minaccia la tua esistenza. L'Ombra è una presenza, e come ogni presenza è il risultato di qualcosa, l'effetto di una causa.

L'importante è capire che cosa sia la *tua* Ombra, riconoscerla, comprendere da che cosa è generata. Tenendo sempre presente che l'Ombra esiste solo in presenza di una luce, e che non esiste una condizione di luce che non produca anche delle ombre.

Anche nel linguaggio comune usiamo espressioni come "un'esperienza tra luci e ombre", "senza ombra di dubbio"; non diciamo "tra luce e buio" o "il buio del dubbio": l'Ombra non è quindi un'entità autonoma, ma un risultato, che vive assieme, e in virtù, di una luce.

Ecco che Luce e Ombra assumono una loro identità proprio in funzione del fatto che possono coesistere solo insieme, e che concepire l'una senza l'altra sarebbe impossibile.

Intuitivamente si è propensi a identificare la Luce con il bene, la positività, il sole – intesi in senso generico – e in contrapposizione dare all'Ombra i connotati del male, della negatività e della notte, ma le cose sono un po' più complesse.
Non esiste infatti una netta e rigida separazione fra i due concetti, e, soprattutto, la presenza di Luce e Ombra non va vista come una situazione conflittuale e distruttiva, bensì armonica e costruttiva, se accettata e integrata nella maniera corretta.

Come in una condizione di sola luce abbagliante ci sarebbe impossibile orientarci e distinguere gli oggetti e il mondo attorno a noi, e sarebbe lo stesso con la totale assenza di luce, così l'Ombra è il prodotto della Luce, e serve a definire l'ambiente in cui viviamo, a costruire e comprendere i rapporti e le distanze, a delineare limiti e confini, e a individuare mete e obiettivi.

JUNG E L'OMBRA

Nel corso delle sue ricerche sulla psiche umana, Carl Gustav Jung (Kesswil, 26 luglio 1875 - Küsnacht, 6 giugno 1961) ha sviluppato il concetto di Ombra in vari stadi, come una parte della personalità, come archetipo, fino ad arrivare, durante gli ultimi studi, alle implicazioni dell'Ombra con il male. La teoria dell'Ombra è pertanto un pilastro fondamentale della sua psicologia analitica.

Secondo Jung, l'Ombra rappresenta l'insieme di tutte le parti di noi stessi che non accettiamo o che abbiamo represso a causa della società e della cultura in cui viviamo. Queste parti possono includere emozioni negative, desideri inconfessabili, aspetti della personalità che non si conformano alle norme sociali dominanti e altro ancora. Per Jung, la conoscenza e l'accettazione della propria Ombra è un passo fondamentale per il processo di individuazione, ovvero il processo di sviluppo della propria personalità e del proprio potenziale. Attraverso l'integrazione dell'Ombra si può raggiungere un equilibrio interiore e una maggiore consapevolezza di sé.

Nell'opera *Analisi dei sogni*, relativa al seminario tenuto a Zurigo tra il 1928 e il 1930, Jung ha classificato l'Ombra come il lato inconsapevole e sconosciuto di noi stessi, ovvero tutto ciò di cui non siamo pienamente coscienti e che include quindi quel che si trova al di fuori della luce della coscienza. Jung colloca l'Ombra agli antipodi della persona, considerandola una maschera da indossare per presentarsi al mondo.

L'Ombra ha spesso un'accezione negativa, ma comprende anche sorprendenti risvolti positivi. La nostra natura, però, tende a rifiutare o ignorare le sfaccettature più spigolose della psiche e, soprattutto nelle personalità che manifestano bassa autostima, gli aspetti positivi rimangono offuscati dall'Ombra.

Approfondendo questo concetto, nel pensiero junghiano l'Ombra è ineliminabile, ma trasformabile in una delle fondamenta sulle quali edificare il nostro percorso di crescita individuale, che in psicanalisi viene codificato come processo di individuazione.

L'Ombra è pertanto come un nemico che si allea con noi e rappresenta una risorsa preziosa dalla quale attingere. Può anche rappresentare un legame antico e profondo con i nostri istinti primordiali più bestiali, come il terrore panico. Ed essendo irrazionale, è soggetta a una proiezione psicologica che tende a isolare gli individui, intessendo un velo di illusione fra l'ego (cioè la nostra mente razionale) e la realtà. Per Jung, oltre a questa personale parte oscura della psiche, esiste un'Ombra collettiva, strettamente legata alla rappresentazione che tradizionalmente si fa del male. Le figure demoniache e sinistre presenti in ogni epoca e cultura mostrano infatti come questa Ombra archetipica (cioè comune e primordiale) sia da sempre e ovunque parte dell'essere umano.

Per nostra natura Luce e Ombra sono quindi sempre presenti contemporaneamente nella nostra Anima.

JEKYLL E HYDE

Avrai certamente sentito parlare, o avrai letto, *Lo strano caso del dottor Jekyll e di mister Hyde*, il racconto scritto da Robert Louis Stevenson nel 1886: narra la storia di uno stimato medico e scienziato che sperimenta su di sé una pozione che lo trasforma in un essere malvagio e privo di qualsiasi morale. È la metafora romanzata di un concetto ben noto non solo nell'ambito della psicanalisi, cioè la presenza, in ciascuno di noi, di un aspetto razionale e "civile" e di uno istintivo e "selvaggio".

Questo doppio aspetto della nostra natura, in cui convivono due volti complementari e mai totalmente separabili, nel racconto di Stevenson è esasperato fino a essere incarnato fisicamente nella lotta fra il Bene e il Male.

Senza arrivare a questi estremi, cerchiamo invece di conservarne il significato primario: in ciascuno di noi convivono elementi contrapposti, aspetti della nostra personalità in conflitto fra loro, sentimenti e desideri fra loro contrastanti, sogni misti a paure.

A differenza di ciò che avviene nella vicenda del mite dottor Jekyll e dello spietato mister Hyde, destinata a concludersi tragicamente, i duplici aspetti della nostra personalità non sono in lotta per annientarsi l'un l'altro, ma, al contrario, si nutrono l'uno dell'altro, e l'uno esiste solo perché esiste l'altro.

Lo scopo di questa guida quindi non è far trionfare il Bene sul Male, o far sì che la Luce sconfigga le Tenebre, ma riconoscere, accettare e comprendere la natura tanto della Luce quanto dell'Ombra presenti in ciascuno di noi. Quindi, non bianco e nero, ma semmai il noto e l'ignoto, il conosciuto e lo sconosciuto, il presente attuale e il passato nascosto (per continuare nella similitudine con il racconto di Stevenson, ricordiamo che il nome di Hyde non è scelto a caso: in inglese ha la stessa pronuncia dei termini legati al concetto di "nascosto", "occulto"). Rendere palese ed evidente ciò che è segreto e celato non vuol dire distruggerlo: significa riconoscerlo, e cambiarne accezione ed effetti.

L'Ombra infatti, come indica Jung in *Psicologia e religione* (1940), non deve essere considerata come un polo di negatività, come il Male in senso assoluto contrapposto al Bene, come l'imperfezione in antitesi alla completezza. Semmai l'Ombra ha le caratteristiche più primitive, istintive, meno evolute, nascoste e inadatte rispetto a ciò che la nostra mente considera invece adeguato, razionale e conosciuto.

Ciò non toglie che proprio per questo suo aspetto irrazionale e immaturo l'Ombra contenga caratteristiche che in qualche modo possiamo legare tanto all'infanzia quanto alla spontaneità dei comportamenti, non mediati e distorti dalle sovrastrutture che piano piano, nel corso della nostra esistenza, si sono stratificate nel nostro pensiero.

Queste sovrastrutture, che ci sono state imposte o abbiamo assimilato dall'educazione, dalla famiglia, dalle frequentazioni, dalle letture, dagli esempi intorno a noi, arrivano a bloccare la nostra vera natura e a impedirle di esprimersi.

Ecco che allora l'Ombra si risveglia, e tenta – a volte in modo subdolo e impercettibile, altre volte in maniera dirompente ed esplosiva – di invadere il nostro lato consapevole, razionale, "accettabile" ai nostri occhi e rispetto a quelli che consideriamo i punti di riferimento e le regole da seguire.

Invece – prosegue Jung – riconoscere e accettare il ruolo dell'Ombra serve a ravvivare e abbellire, completandola, la nostra esistenza.

E dato che una delle principali caratteristiche dell'Ombra è quella di stare nascosta, accade che noi non ci accorgiamo della sua presenza – o non la vogliamo ammettere – e, come vedremo più avanti in queste pagine, tendiamo a proiettare i suoi effetti sugli altri e ad attribuire agli altri quelle che noi percepiamo come "negatività".

Le caratteristiche dell'Ombra e della Luce, però, non si possono ricondurre semplicisticamente ai concetti di "negatività" e "positività".

Un animale sconosciuto

Se vogliamo rendere un po' più spettacolare e teatrale questo concetto, puoi immaginare l'Ombra come un animale sconosciuto che vive nell'oscurità, e che temi proprio perché non conosci. Una volta portato alla luce del sole, visto nei suoi dettagli, nelle sue reali dimensioni, con le sue debolezze e i suoi punti vulnerabili, cessa di fare paura.

Avere paura dell'Ombra significa, sostanzialmente, avere paura della paura.

L'Ombra, quindi, rappresenta ciò che – senza rendercene conto – rifiutiamo di noi stessi, ciò che non sappiamo, o che non vogliamo riconoscere.

Quando l'Anima porta alla coscienza la natura dell'Ombra, la concretizza in tutti i suoi aspetti, la fa divenire evidente, allora ecco che riesce a neutralizzarla. Quindi, non ad annientarla, ma – per continuare a usare la metafora dell'animale sconosciuto – ad addomesticarla e a renderla inoffensiva, se non addirittura farne un'alleata.

La chiave per comprendere la "pericolosità" dell'Ombra, o meglio, il fatto che tu la percepisca come pericolosa, è riconoscere che si tratta di una inconsapevole proiezione del lato oscuro dell'individuo, e che coesiste sempre con il suo opposto.

Anche qui, soffermiamoci sui termini:

- *inconsapevole*, vale a dire che l'Anima ancora non ne ha preso piena consapevolezza, non la riconosce, non la identifica. E tutto ciò che non si conosce, potenzialmente, fa paura;

- *proiezione*, cioè è qualcosa che non esiste di per sé, ma che è frutto di qualcosa di "interno" alla propria personalità. In un certo qual modo, è l'Anima stessa che crea le proprie ombre: proprio come nel sogno di Jung che abbiamo descritto all'inizio di questa guida, l'inquietante presenza alle spalle del viandante non era altro che il frutto di quella flebile luce che illuminava il cammino.

I mostri dell'inconscio

Nel XXIV secolo un'astronave viene inviata sul pianeta Altair IV alla ricerca di sopravvissuti di una colonia terrestre della quale da venti anni non si hanno notizie. Quasi tutti i membri sono infatti stati uccisi da una misteriosa entità. Nelle profondità del pianeta viene scoperto un grande macchinario, destinato alla sopravvivenza dei coloni, grazie al quale era possibile materializzare oggetti solo con la forza del pensiero. Il problema è stato che il macchinario dava corpo e concretezza non solo alle cose materiali pensate dai coloni, ma anche ai "mostri dell'inconscio", vale a dire le paure e le angosce che non venivano portate alla coscienza, ma che il macchinario comunque percepiva. Questa, in estrema sintesi, la trama del film *Il pianeta proibito*, del 1956.

La mente cosciente (l'ego) infatti spesso tende a "seppellire" le paure, rinnegandole, credendo di cancellarle, ma con l'unico risultato di nasconderle e, come il fuoco che cova sotto la cenere, vederle improvvisamente rinascere ancor più potenti e potenzialmente autodistruttive.

Nessuno può prescindere dalla propria Ombra. E, soprattutto, non può sperare di combatterla nascondendola o "dimenticandola".
L'Ombra infatti non si piega alle regole dettate dalla mente razionale, non si adatta al pensiero cosciente. La sua natura anarchica, caotica, parallela, sprigiona un'incontenibile energia vitale che, se incanalata nel giusto sentiero, è capace di risvegliare una creatività sopita e di far risuonare nella nostra mente echi dimenticati di forze primordiali.

L'Ombra può prendere forma nelle visioni e nei sogni e si plasma sulle esperienze dirette dell'individuo.
Viene appesantita da un valore spesso negativo in quanto, come parte della psiche, è messa a confronto col suo opposto positivo.
Rifiutare la propria Ombra significa vivere una vita parziale perché la nostra parte oscura continua un'esistenza parallela, nascosta e autonoma.

Chi non riconosce e assimila la propria Ombra, rischia costantemente di cronicizzare i propri errori, continuando a inciamparci, e non è in grado di seguire un'etica personale. Portando invece alla luce e riconoscendo le proprie ombre si accetta la propria parte oscura senza proiettarla sugli altri, e si assimila la propria duplice natura in una solida opera di individuazione.

Dal punto di vista psicanalitico l'Ombra si presenta spesso come una persona dello stesso sesso che si comporta in modo opposto al sognatore. È una figura enigmatica, a volte con sembianze animali, che viene avvertita come estranea alla coscienza.

Ombre personali e ombre collettive

La nostra natura di animali razionali (razionali sì, ma pur sempre animali...) comporta la presenza di paure ancestrali, di ombre che riguardano sia la personalità di ciascuno di noi, sia le paure, appunto, comuni a tutto il genere umano, di ogni epoca e di ogni latitudine.

La materia di cui è fatta l'Ombra è correlata con l'inconscio, personale e collettivo, ma anche se è lì relegata, riesce comunque a contaminare la coscienza. Queste presenze che si generano nella mente provengono quasi sempre dalle esperienze negative che hai dovuto affrontare; alcune sono paure antiche, profonde, addirittura ancestrali (il buio, gli spazi chiusi, le malattie, gli insetti...), altre sono ombre più recenti, tinte di depressione, che oscurano e provocano un involontario e continuo autosabotaggio delle tue azioni.

L'Ombra si forma nella mente per la naturale evoluzione dell'Io e fin dalla prima infanzia viene nutrita dal condizionamento sociale, dall'educazione, dove genitori, familiari, amici, maestri, contribuiscono con il loro giudizio e i loro schemi a plasmare – e deformare – la tua personalità.

Ma è nelle tenebre che si nascondono tesori che, anche da un punto di vista psichico, sono preziosissimi.

Non c'è Luce che non generi Ombra, non c'è Ombra che non sia in qualche modo figlia della Luce.

Non considerare l'Ombra come un rifugio che cela i tuoi sensi di colpa, i tuoi sbagli, le tue paure, ma tramutala in un'Ombra dorata, una fucina creativa e positiva. L'Ombra non è una inconsapevole "comfort zone" che custodisce le tue insicurezze, ma un alleato per fortificare le tue certezze.
Questa azione di riconoscimento e di cambiamento compie una autentica metamorfosi ed equivale a elaborare il tuo vissuto negativo, trarne forza e saggezza, salvandoti dall'autodistruzione.

Puoi raggiungere questo risultato, che porta un'infinita catena di benefici, lavorando sulla tua Ombra, come vedremo fra breve.

Anche il sogno non è che un'ombra.

William Shakespeare

Guarisci le tue ferite

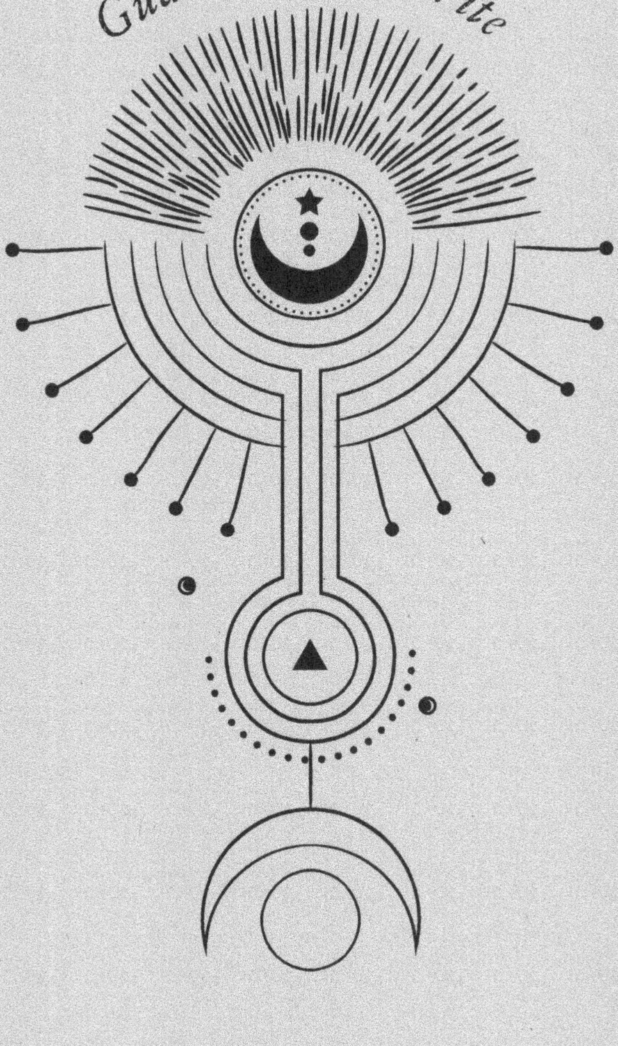

Lavorare sull'Ombra

Abbiamo visto come nella nostra Anima sia presente una duplice forza, apparentemente in contrapposizione con se stessa e quasi in contraddizione, che però si rivela essere il doppio aspetto (luce e Ombra) di una stessa energia.
Adesso imparerai a riconoscere, a gestire questa duplice forza, e a far sì che questa energia possa - grazie alla tua esperienza interiore - esserti utile in entrambi i suoi aspetti, che fra loro si compenetrano collaborando a vantaggio della tua Anima.
Non puoi infatti sbarazzarti dell'Ombra: è parte integrante di te, creatura riflessa della tua luce. È un aspetto della tua psiche che non può essere ignorato, negato o cancellato: porterebbe a un disequilibrio, alla rottura della tua armonia interna. E si potrebbe trasformare in un autentico ostacolo per lo sviluppo della tua personalità.

Lo Shadow Work Journal

Per Shadow Work, in psicoterapia, si intende una serie di riflessioni e introspezioni che comportano "lavorare sull'Ombra", vale a dire il processo di esplorazione e indagine della mente inconscia. Comporta, come abbiamo visto, in primo luogo, la presa di coscienza dell'esistenza dell'Ombra, la sua individuazione e identificazione, e infine la capacità di sfruttare le sue potenzialità a proprio vantaggio.

In pratica, ciò si realizza anche attraverso l'aiuto di alcuni strumenti, uno dei quali è appunto lo *Shadow Work Journal.*
Grazie allo *Shadow Work Journal*, che si concretizza assieme in una guida e in un "diario di bordo" del proprio viaggio interiore, si possono utilizzare le diverse pratiche indirizzate alla crescita personale e all'autoconsapevolezza.
Lo *Shadow Work Journal* è quindi la traccia concreta di un processo interiore che, oltre alla meditazione e all'introspezione, si avvale della scrittura giornaliera come mezzo di affermazione, testimonianza ed evoluzione.
Sia che tu decida di utilizzare direttamente queste pagine, sia che tu scelga invece di servirti di un quaderno a parte, è di grande importanza che tu compili le varie schede e che tu completi i vari esercizi scrivendo a mano. Specialmente se

ripercorrerai le pagine passate – magari a distanza di tempo – vedrai che anche il metodo con cui scriverai le cose ha un suo significato. La calligrafia, il modo di disporre le parole su carta, i ripensamenti, le frasi cancellate, le correzioni, le aggiunte, perfino lo strumento che userai (penna a sfera, stilografica, matita...) o il colore dell'inchiostro hanno un ruolo nel descrivere il tuo stato d'animo e l'approccio a quella che va considerata come una vera e propria terapia.

La tua Anima rimarrà stupita da come ha saputo descriversi.
Annotare in un diario emotivo questo viaggio nelle profondità dell'Anima consente di raggiungere la vera libertà e di portare alla luce la tua forza interiore, esplorando gli aspetti inconsci della tua mente attraverso l'introspezione e l'onesta osservazione della tua personalità.
Esplorare l'Ombra è ascoltare razionalmente il grido muto delle tue paure e conoscere ciò che l'Anima non sa di se stessa, imparando non dalla luce della coscienza, ma dall'Ombra dell'inconscio.

Scopri il tuo potenziale

Intraprendere il lavoro sull'Ombra significa avere il coraggio di inoltrarti in un sentiero oscuro, difficile e ignoto, ma che ti porterà a scoprire il tuo potenziale, trasformare il tuo dramma interno, e in questo modo accettare traumi irrisolti e guarire per sempre le ferite del bambino interiore che vive nascosto in te.

Il percorso, i progetti, gli obiettivi e i risultati raggiunti saranno descritti e custoditi in segreto in queste pagine, compilate per accompagnarti per mano al riconoscimento dell'Ombra, alla presa di coscienza e all'itinerario pienamente inondato dalla luce.

Un processo così delicato richiede certamente tempo e volontà, in modo che si compia l'intima guarigione delle cicatrici dell'Anima, e il passaggio dall'ignoranza alla saggezza, dall'incoscienza alla piena consapevolezza di sé.
Il lavoro sull'Ombra ha l'effetto salvifico di un balsamo che cura antichi tormenti e libera tutte le tue ombre, risolvendole in una luce capace di sorprenderti con sviluppi della personalità che non conoscevi.
Il cammino per guidare la tua mente a riconoscere l'Ombra può quindi essere laborioso e addirittura traumatico, ma rappresenta una necessaria crescita interiore che alla fine del percorso porta maturità, chiarezza e benefici duraturi che si riflettono in tutto il tuo essere.
Si tratta comunque di un processo costruttivo che può essere affrontato in modo libero, sicuro e personale.

Prendere coscienza del lato umbratile più intimamente selvaggio aiuta a entrare in comunione con le pieghe più ignote della propria personalità. Una volta che la tua Anima avrà imparato a gestire la propria faccia oscura in modo che la tua Ombra non rimanga nascosta, e non diventi sempre più vischiosa e ingombrante, ma sprigioni la sua potenza, trasmuterà in una fonte di energia psichica positiva, illuminandosi.

IL "LATO OSCURO"

Nel marzo del 1973 esce uno dei concept album più importanti degli ultimi decenni e tra i più venduti della storia. La sua copertina nera, nella quale campeggia un prisma che rifrange un fascio di luce in uno spettro multicolore, rimane una delle immagini più iconiche della seconda metà del XX secolo musicale. Stiamo parlando di *The Dark Side of the Moon* dei Pink Floyd. Al di là dei suoi contenuti musicali e dei testi, che attingono a temi come il rapporto conflittuale con l'altro da sé e l'alienazione mentale (che aveva minato la psiche di uno dei fondatori del gruppo, Syd Barrett), quel che a noi interessa in questo contesto è il concetto di "faccia oscura della Luna". In chiusura dell'ultimo brano, *Eclipse*, in sottofondo al "continuo" di un battito cardiaco si sente una voce che dice "Non esiste nessuna faccia oscura della Luna, davvero. Nei fatti, è tutta oscura...". La Luna, di per sé, non brilla di nessuna luce. Risulta a noi visibile solo grazie alla luce del sole. E non esiste una sua faccia sempre in Ombra: appare tale a noi, che non la vediamo mai, dalla Terra. È quindi più corretto parlare di faccia nascosta della Luna. Una faccia che si cela ai nostri occhi, ma che esiste, e che siamo riusciti a vedere per la prima volta solo grazie alle immagini dei satelliti e degli astronauti che l'hanno sorvolata.Questo diario è quindi una nave spaziale che ci consente di vedere quel lato di noi che consideriamo sempre in Ombra, ma che invece illuminato dal sole della coscienza mostra tutti i suoi dettagli, né più e né meno della parte che siamo normalmente abituati ad ammirare. È uno scrigno che racchiude i nostri più oscuri e reconditi misteri che ancora non abbiamo compreso.
Usarlo con sincerità, senza giudicare o colpevolizzarsi, sarà di aiuto per prendere il controllo della tua vita e delle tue emozioni e imparare a goderne.

Affrontare lo *Shadow Work Journal* vuol dire avere la volontà di intraprendere un viaggio difficile e intenso.

Non è facile orientarsi durante la discesa nelle profondità dell'Anima: essa deve imparare a non farsi sopraffare dalla paura e avere il coraggio di incontrare se stessa.

La tua Ombra si proietta sugli altri

L'Ombra come proiezione

L'Ombra non è solamente una zavorra che appesantisce e frena il tuo cammino. Spesso si manifesta anche attraverso un trasferimento inconsapevole del tuo comportamento involontario sugli altri.

Per questo motivo puoi per esempio riconoscere i tuoi difetti e le tue paure, ma anche i tuoi pregi, nelle altre persone. Così come, in maniera diametralmente opposta, ti può accadere di attribuire agli altri i lati sgradevoli della personalità che invece appartengono in primo luogo a te e che dovresti innanzitutto riconoscere nel tuo atteggiamento.

Nel lavoro sull'Ombra ti dovrai quindi concentrare anche sul fatto che inconsciamente proietti sul prossimo una parte della tua personalità a te non gradita e che riconosci come negativa (ma solo negli altri), esiliandola da te. Questo naturale meccanismo di difesa consiste in poche parole nel riflettere sull'altro gli stati emozionali e i comportamenti propri.

Le proiezioni psicologiche procurano in questo modo una visione distorta e ingannevole della realtà, ma che la tua Anima percepisce come autentiche e veritiere.

Sono sensazioni istintive, a volte crude, e delle quali l'Anima non è pienamente conscia, scaturite da pensieri negativi unilaterali che partono da noi, investono l'altro e tornano a noi.

Le antipatie immediate e inconsulte sono un esempio di esperienza che sicuramente anche tu hai provato.

Dunque, nelle proiezioni personali i tuoi difetti, incarnati dalla tua Ombra, vengono attribuiti a un'altra persona, e questo fenomeno si riscontra non solo nelle relazioni individuali, ma anche in quelle più ampie che includono situazioni politiche e sociali, perché l'Ombra può essere proiettata ovunque. Possono esserne un esempio letterario i "Due minuti d'odio" contro il leader nemico Emmanuel Goldstein, presenti nel romanzo distopico *1984* di George Orwell (scritto nel 1948): in una società governata da un onnipresente Grande Fratello, che controlla tutto e tutti, la popolazione è quotidianamente incitata a riversare le proprie frustrazioni e il proprio odio contro la figura di Goldstein, di cui in realtà nemmeno è certa l'esistenza.

In estrema sintesi, possiamo quindi dire che, per riconoscere e comprendere le caratteristiche dell'Ombra, basterebbe guardare attentamente e con occhio critico gli aspetti e i comportamenti che tendiamo a identificare come "negativi" negli altri.

Lo Shadow Work aiuta a rendere più autentiche, simpatetiche e comprensibili le relazioni interpersonali, perché proiettare all'esterno la tua Ombra senza riconoscerla non rende riflessivi ma porta a scindere il tuo pensiero, e quindi creare una frattura in tutta la tua emotività e, in poche parole, privare la tua persona della sua organicità, coesione e interezza. Porta a vedere le cose separandole in concetti rigidamente opposti, senza possibilità di comunicazione fra loro e senza gradazioni e sfumature fra i due estremi. Una sorta di universo artificiale e artificioso, nel quale esistono solo il Bene e il Male non associati a nessun altro contesto, il Bianco o il Nero senza sfumature di grigio, rigidi dogmi senza spiegazione e giustificazione, che ostacolano l'evoluzione dell'Anima.

ALLA RICERCA DEL "LATO OSCURO"

Peter Pan, il personaggio creato da James Matthew Barrie nel 1902 e più noto per il film di animazione prodotto da Walt Disney nel 1953, aveva perduto la sua Ombra che, dispettosa, si era distaccata per crescere autonoma e raminga, mentre lui rimaneva un eterno bambino. Incapace di crescere e diventare adulto, Peter cercava incessantemente la sua Ombra, ma in realtà era alla ricerca di se stesso, e quando Wendy gliela ebbe cucita addosso, ritrovò finalmente la sua completezza, la sua consapevolezza.

Puoi considerare la favolistica figura di Peter Pan come la metafora del tuo esuberante fanciullino interiore e intraprendere una vera e propria caccia alla tua Ombra: una volta identificata, devi capire come e quando si è annidata nell'Anima ed è lievitata, come e di che cosa inconsciamente la hai alimentata, fatta crescere, come si è ferita e di conseguenza come curarla.

Questa eco interiore, questa Ombra furtiva che nasconde le tue paure rappresenta una continua minaccia che può svelare agli altri il tuo lato oscuro, quello che nascondi indossando le tue intercambiabili maschere quotidiane.

L'Ombra è un fardello faticoso che ti porti appresso, allo stesso tempo pesante ma impalpabile, invisibile ma presente, che si proietta contro la nebbia del tuo vissuto, che le fa da schermo e le dà vita. Non esiste nessun individuo che non porti con sé la propria Ombra.

Cerca la tua radice oscura nel passato, nelle esperienze, per capire come e quando, lentamente e a tua insaputa, ha plasmato il tuo carattere, deformandolo.

Non dimenticare mai che tu sei ciò che sei anche grazie all'Ombra. Sì, perché è proprio in virtù dell'Ombra – e non per colpa di essa – che si è delineata la nostra personalità: la consapevolezza di possedere un lato oscuro può spaventare, ma regala anche la consapevolezza di essere vivi, perché l'Ombra è inscindibile dall'essere.

Disconoscere questo lato del tuo essere è una forma di negazione superficiale, vuol dire non accettare l'opposto complementare della tua coscienza, è come mozzare parti della tua personalità, ed equivale a non accoglierti nella tua interezza.

Integrare l'Ombra vuol dire arricchirsi.

È solo attraverso le ombre
che si arriva a conoscere la luce.

Caterina da Siena

Curare e apprezzare l'Ombra

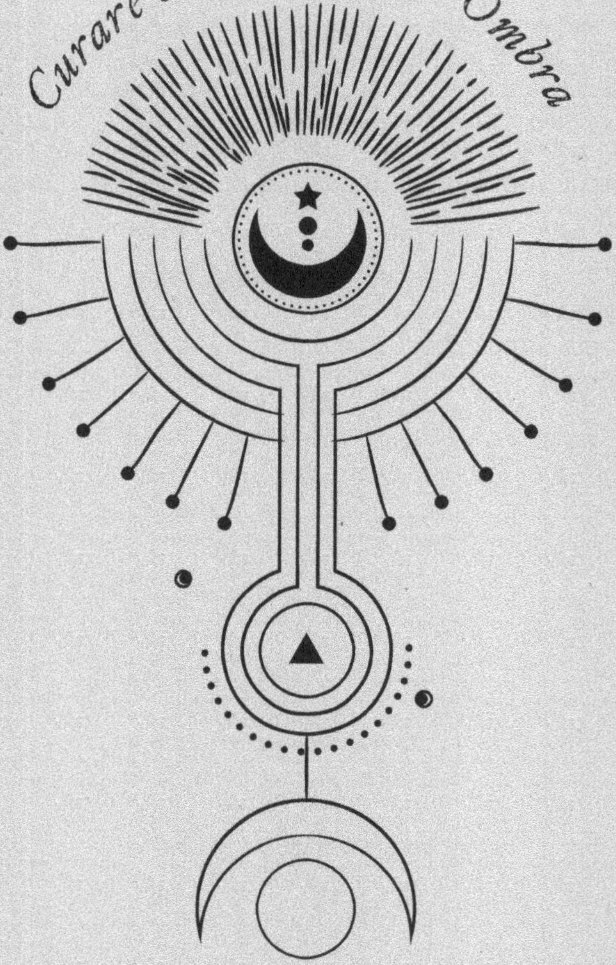

Incontrare l'Ombra

L'Ombra è sfuggente, si nasconde dietro di te perché hai innescato dei meccanismi di difesa nel tentativo di confinarla in un luogo oscuro, lontano dalla tua vista.
Hai negato, maledetto, recluso, cercato di uccidere la tua Ombra per troppo tempo.

Ora è arrivato il momento di incontrarla, ridarle un respiro, una dignità perduta, mostrarle finalmente l'amore negato.

Perché l'Ombra rappresenta la parte di te non amata, che ora puoi imparare a curare e ad apprezzare.

Seguendo i consigli di questo diario-guida, potrai smettere di condurre una vita parallela alla tua Ombra, ma potrai incontrarla e volerle bene. Addirittura, una volta incorporata nel tuo essere, potrai collaborare con lei.

Ma prima di familiarizzare con l'Ombra, l'Anima deve incontrare se stessa, capire chi è realmente. Solo così potrà finalmente affrontare con consapevolezza il suo lato oscuro.

Accogliere la tua Ombra significa conviverci serenamente e includerla consapevolmente nella tua sfera comportamentale.

Se immagini l'Ombra come una bestia nera, aggressiva e pericolosa, devi trovare il modo di conquistarla, mostrarle protezione, addomesticarla, fartela amica. Quando l'Ombra si presenterà insidiosa, è tempo di carezzarla senza giudizi e smetterà di ringhiare. Accarezzala, e smetterà di farti paura.

Riuscirai così a considerarla sorella e a concederle uno spazio tutto suo nella tua psiche. Uno spazio che possa essere confortevole e che non rappresenti più un pericolo per te.

Integrare e accompagnare l'Ombra verso il sentiero della luce

Dopo aver incontrato la tua sorella oscura, devi quindi riconoscerla e assorbirla nella tua esistenza.
Integrare l'Ombra vuol dire accettare ogni sua sfumatura, fondendola in un abbraccio d'amore e di comprensione con gli altri lati della tua personalità.

Quando l'Anima arriva al punto di fare amicizia con i propri demoni interiori, vuol dire che ha raggiunto la maturità di perdonare finalmente se stessa.

Riappacificarsi con quegli aspetti di te che fatichi ad ammettere; portare alla luce gli elementi della tua personalità che rinneghi; integrare nel tuo essere ciò che consideravi "altro da te"; riconoscere che molti aspetti del carattere altrui che tu interpreti come negativi e ostili non sono altro che la proiezione esterna della tua Ombra: è questo ciò che si prefigge il lavoro sull'Ombra.

Con tale operazione diamo all'oscurità l'opportunità di manifestarsi libera in tutta la sua potenza, in modo tale che l'energia generata dal caos che affolla la tua psiche possa trovare una sua direzione verso la luce.
Solo così l'Ombra non sarà più d'intralcio alla crescita individuale e diventerà un'entità benefica, portatrice di ispirazione, guardiana dei sentimenti più bui, i quali non lascerà scatenare inquinando la nostra serenità.

L'Ombra è quindi come un compagno di viaggio, a volte scomodo e ingombrante, lento e pigro, fastidioso e imbarazzante, che ti trattiene dal cammino che vorresti intraprendere. Ma è comunque un elemento che insieme a te percorre tutto l'itinerario della tua esistenza. Il tuo compito, per raggiungere la meta e rendere il viaggio più possibile piacevole e costruttivo, non è quello di abbandonarla e proseguire il tuo solitario cammino: ti perderesti.
A seconda delle circostanze, dovrai resisterle o avvicinarla a te, seguirla o riportarla sulla via che hai deciso di percorrere.

Ma mai, in nessun caso, dovrai negare la sua esistenza, e il suo ruolo che ha per te.

Un itinerario di guarigione

Intraprendere questo cammino che rappresenta un vero e proprio itinerario di guarigione non è facile, ma la volontà di farlo può essere aiutata da alcune strategie di autoconsapevolezza estremamente utili.

Non sono solo gli esercizi di introspezione che spingono l'Ombra a manifestarsi e liberarsi. È utile anche avere un'attitudine dinamica che ti aiuterà a metterti più direttamente in contatto con il tuo lato istintivo, luogo accessibile alle tue ombre.

È quindi necessario liberare il nostro lato animale, dandogli una valvola di sfogo. Questo accumulo di energie primordiali può essere sciolto praticando attività fisica, ballando fino a stancarsi come fanno gli sciamani per entrare in stato di trance, oppure semplicemente, urlando.

Il potere della tua voce è uno sfogo eccellente, un rilascio emozionale profondo: basta trovare un luogo isolato, o semplicemente in macchina nel traffico, per compiere quell'urlo liberatorio che farà uscire tutte insieme rabbia, paura, frustrazione, repressione.

Scrollarsi di dosso energie negative accumulate è fondamentale per la riuscita del tuo compito perché non bisogna scordare che la tua Ombra è anche la zona psichica dove si nascondono i tuoi desideri più profondi, il tuo potenziale e i doni che non conosci.

Tutto ciò che splende nasce dalle tenebre, come i diamanti, e anche nell'oscurità della tua Ombra si nascondono gemme preziose.

Ora che sai come agire, è tempo di iniziare concretamente il percorso di trasmutazione suggerito dallo *Shadow Work Journal.*

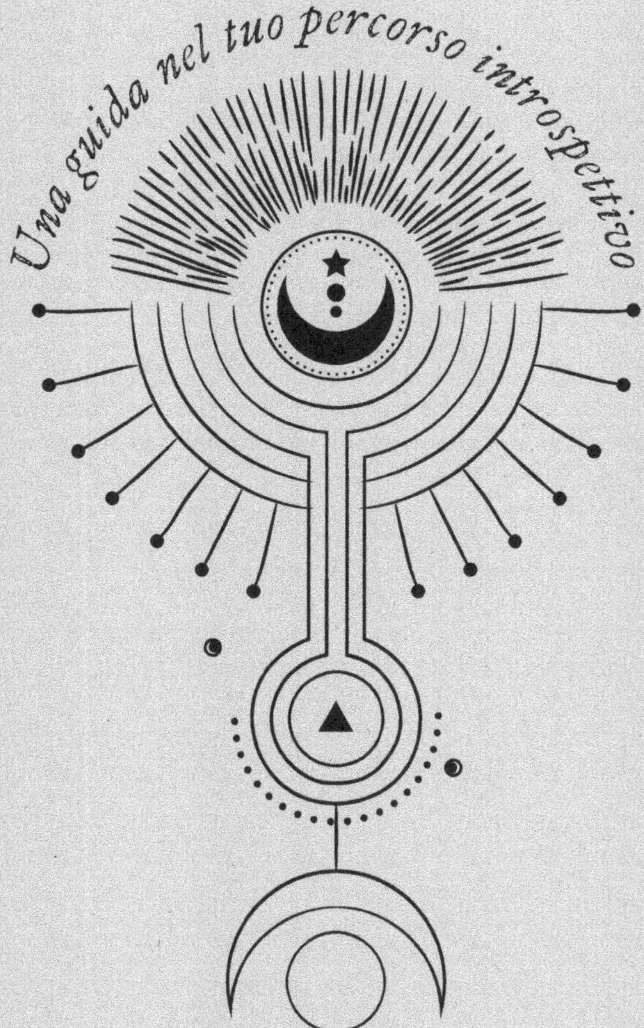
Una guida nel tuo percorso introspettivo

LO SHADOW WORK JOURNAL COME STRUMENTO DI GUARIGIONE

Eccoci quindi in queste pagine, che ti faranno da guida nel tuo percorso introspettivo e ti saranno utili per compilare con efficacia il diario del lavoro sulle ombre.

Se la tua Anima si sente pronta per la trasformazione proposta dallo *Shadow Work Journal*, puoi aiutarla a raggiungere gli obiettivi con questa semplice e pratica guida che ti accompagnerà pagina per pagina, stimolandoti nel tuo percorso di crescita spirituale.

Prendi nota dei tuoi cambiamenti, appunta sogni, reazioni, sensazioni e pensieri, lasciati stimolare dalle domande, rispondendo in modo sincero. Solo così la tua Anima potrà esplorare se stessa e creare collegamenti illuminanti.

Ricorda: non esiste una risposta *giusta*. Esiste la *tua* risposta. Lasciati quindi andare alle tue sensazioni, esprimendoti nella maniera più spontanea. Non aver paura di cancellare, modificare, aggiungere, correggere. Anche i ripensamenti fanno parte del tuo percorso. Quindi non fare una "brutta copia" dei tuoi pensieri, per poi ricopiarli in maniera esteticamente gradevole e con una calligrafia appropriata. Lascia che la tua Anima sia se stessa.

Non ti preoccupare se ritieni che la scrittura non sia il tuo modo più congeniale di esprimerti. Non devi fare della letteratura e non devi rendere conto a nessuno del come, quando e quanto scrivi. Non è questo lo scopo. Devi parlare con la tua Anima e far sì che la tua Anima parli.

Se poi ti senti più a tuo agio esprimendoti con il disegno, o preferisci usare schemi, frecce, nuvolette, colori o simboli, non frenarti.

Vuoi incollare sulla pagina una foglia, un fiore, un filo d'erba che ti ricorda una situazione peculiare? Un biglietto del cinema, una foto, un messaggio che hai ricevuto ti rappresentano meglio della descrizione che potresti farne? Lo scontrino di un acquisto per te particolarmente significativo, le istruzioni di un gioco, un adesivo ti riportano in un luogo e in un tempo specifico? Hai la libertà di usare queste pagine come vuoi, senza vincoli e senza limitazioni. Ti serve spazio? Aggiungi pagine, utilizza per scrivere anche i margini del foglio, piega, taglia, incolla.

È il *tuo* quaderno, che puoi gestire come vuoi.

VERSO UN CAMBIAMENTO POSITIVO

Per essere predisposta a un cambiamento positivo, la tua Anima deve avere la convinzione che questo avverrà.

La tua determinazione è l'elemento chiave per realizzare i tuoi desideri, sempre.

Esplorare l'Ombra è impedirle di divorare la tua esistenza.
Ti renderai conto di come, già nel corso di questo viaggio nella tua mente, la visione della tua vita non sarà più la stessa.

Affronta questo viaggio di crescita con coraggio, pazienza e autocompassione, iniziando con semplici esercizi di introspezione, che sono basilari per il tuo percorso di maturità e di ricerca di ricchezza emotiva nell'Ombra.

Questa guida vuole essere solo un suggerimento verso la coscienza di sé, e ricorda che ciascuno è libero di trovare i metodi che più gli si adattano. Ma fra gli esercizi e le strategie di consapevolezza più utili, la meditazione è una delle strade più seguite.

DIALOGO INTERIORE CON L'OMBRA

Dialogare con la propria Ombra significa abituarsi a perdonarla, imparare l'autocompassione e l'amor proprio.

L'autosservazione è un'opportunità di crescita e di guarigione emotiva. Consente di vedere quegli aspetti del sé sepolti sotto la superficie della realtà fisica, per scoprire altri stati di coscienza.

Questo processo può essere molto intenso e coinvolgente, perché togliere la maschera, privarsi della corazza e mettere a nudo l'anima significa ammettere la propria vulnerabilità.

Ama questa vulnerabilità, non negarla. Affermala, ostentala, gridala: non c'è niente di cui vergognarsi. Fai della tua Ombra una tua amica, parlaci, ascolta le sue risposte, asseconda le sue richieste. La tua Anima resterà sorpresa di quanto può essere illuminante e liberatoria questa intima conversazione. Ora che non solo sei consapevole della tua Ombra, ma l'hai riconosciuta, è tempo di accettarla completamente come parte di te, perché è un aspetto della totalità psichica imprescindibile dal tuo essere e che ti rende una persona unica e inimitabile.

Trova un tuo spazio – sia fisico, sia mentale – dove meditare e visualizzare la tua Ombra. Accarezzala, parlaci dolcemente, amala, perché è parte di te.

Indirizza il tuo pensiero alla tua Ombra e ascolta che cosa vuole comunicarti, rivelarti, confessarti.

Fissa le tue parole su queste pagine e il dialogo con la tua Ombra apparirà molto più semplice.

SCRIVI UNA LETTERA ALLA TUA OMBRA

È arrivato il momento di avviare la tua trasformazione interiore.

Comprendere il tuo lato oscuro e sciogliere i tuoi nodi interni all'inizio potrebbe risultare un esercizio un po' difficoltoso, se non hai l'abitudine a comunicare per iscritto.

Non scoraggiarti: se non riesci a iniziare il dialogo in modo fluido, può essere utile, per sbloccarti, scrivere una lettera ed entrare in intimità con la tua Ombra, che ti risponderà.

Utilizza le pagine che seguono per la tua lettera.

Un attimo di pausa prima di cominciare: fai ordine dentro (e fuori) di te

Per fare ordine dentro di te, devi allontanare anche il caos esterno.
Quindi è bene fare ordine anche al di fuori di te.
Il tuo spazio esterno infatti riflette la tua personalità e, anche se ti consideri una persona ordinatissima, ci sarà sempre in casa un angolino buio dove non si è spazzato, un mobile che nasconde un po' di sporcizia, un sottoscala dove gettiamo alla rinfusa tutte le cose che preferiamo nascondere alla vista, per dare decoro alla nostra abitazione.
Quello "stanzino degli orrori" è la metafora reale delle tue ombre più recondite.

Un esercizio pratico molto liberatorio e utilissimo per svincolare la tua Ombra è proprio affrontare quello stanzino oscuro dove dormono i mostri.
Rilassati e, a mente serena, apri senza paura quella porta.
Ora, uno alla volta, tira fuori gli oggetti occultati e a ognuno attribuisci una delle tue Ombre: le scarpe da trekking quasi nuove ti ricordano il tuo proposito di fare esercizio, miseramente naufragato? L'ombrellone da spiaggia ormai logoro ti riporta alla mente una vacanza che avevi dimenticato? Da quanto tempo quella chitarra è nella sua custodia? Chi ti aveva regalato quel maglione, e perché non lo hai più indossato?
Liberati di ciò di cui non hai bisogno, senza rimorsi, magari regalandolo a qualcuno a cui può far piacere e che lo potrebbe utilizzare. Pulisci e aggiusta ciò che vuoi conservare e adoperare.

Durante quest'operazione infondi amore e abbandonati alla memoria con un sorriso. Ogni oggetto porta con sé un ricordo, una sensazione, un bagaglio emotivo dimenticato che riaffiorerà.
Rendere di nuovo visibili gli oggetti, combinarli col tuo arredamento, donare loro nuova vita usandoli in altro modo sarà un sistema utile per integrarti in modo pratico con la tua Ombra, iniziando la trasformazione del caos in luce.

Un esercizio semplice e curativo che rappresenta la metafora del lavoro sull'Ombra.
Al termine di quest'operazione arriverà leggerezza e appagamento e ti sentirai in armonia con il tuo ambiente.

I pensieri sono le ombre
delle nostre sensazioni:
sempre più oscuri, più vani,
più semplici di queste.

Friedrich Nietzsche

Seconda sezione
Workbook

Io e la mia Ombra:
un percorso di conoscenza

Ora che hai creato una connessione con il tuo lato oscuro, è tempo di occuparti di te.
Abbandona ogni sovrastruttura mentale, non ti giudicare, non ti vergognare, affronta la nudità della tua Anima senza preconcetti, in libertà.

Utilizza le pagine che seguono per la tua più autentica autoesplorazione.
Stai entrando nella fase del tuo *Shadow Work Journal* più intima e personale.

D'ora in poi ti rivolgerai direttamente alla tua Anima.

I benefici dello Shadow Work

Il lavoro che ti stai preparando a compiere sul tuo rapporto con l'Ombra ti porterà molti benefici. Qui sotto troverai i principali, ma la tua Anima potrebbe scovarne altri, inattesi e graditi come un dono inaspettato.

- **Maggior consapevolezza di sé:** lavorando sull'Ombra ti sorprenderà scoprire i tuoi talenti nascosti, i tuoi desideri repressi dal condizionamento sociale e i tuoi punti di forza.

- **Equilibrio psicologico:** l'Ombra spesso destabilizza e crea forti disequilibri. Imparare a collaborare consapevolmente con l'Ombra significa avere una struttura più solida per affrontare le difficoltà.

- **Genuinità:** questo lavoro interiore ti aiuterà a liberarti di molte sovrastrutture e maschere, e a svelare al mondo (e a te) la tua natura autentica.

- **Crescita personale:** mettersi alla prova, gestire le situazioni di disagio aiuta a maturare, a crescere, e a rafforzare gli strumenti di difesa contro le negatività interne ed esterne.

- **Gestione emozionale:** intraprendere un viaggio alla ricerca di se stessi spinge ad ascoltare, comprendere e controllare la tua sfera emozionale.

- **Aumento della creatività:** la libertà di esplorare la poliedricità della tua mente spingerà la tua Anima verso una nuova dimensione, e sarà maggiormente stimolata ad assecondare il suo spontaneo istinto creativo.

- **Maggiore autostima:** imparare a volerti bene porta a una migliore considerazione di te e della bellezza della tua Anima.

- **Miglioramento delle relazioni interpersonali**: conoscerti in profondità influisce sulla disinvoltura e sull'onestà delle tue relazioni con gli altri, e si riflette sulle sfere dell'amore, del lavoro, dell'amicizia, della famiglia.

Il primo esercizio riguarda un iniziale ma fondamentale passo. La domanda è semplice, apparentemente banale. Due sole parole, ma sulle quali ci si può fermare come davanti a uno scoglio insormontabile. Lasciati andare.

Non cercare la risposta corretta, né tantomeno quella che secondo te gli altri si aspettano da te.
Non lasciarti spaventare dallo spazio vuoto. Non devi riempirlo tutto.
Troppo poco spazio per ciò che avresti da dire? Aggiungi tutti i fogli che ti servono.
Non è un compito. Non c'è un voto. Non c'è un tempo limite.

Iniziamo.

Chi sono?

Se hai risposto alla domanda precedente, quella che segue potrà forse spiazzarti, o sembrare una ripetizione. In realtà quello che serve è un piccolo passo indietro, come se ti spostassi al di fuori di te. Osservati dall'esterno, serenamente.

Come mi vedo?

Forse la risposta alla domanda precedente sarà stata lunga. Oppure formata da poche parole. Forse addirittura da una sola.

Qui devi invece sforzarti di sintetizzare in sole cinque parole come ti consideri.

Cinque sono troppe? Fai un piccolo sforzo: se ripeti parole già usate nelle risposte precedenti, vuol dire che sono davvero quelle più significative.

Cinque ti sembrano troppo poche? Scrivi le prime cinque che senti più tue. Ricorda, non è una classifica. Tieni le altre per te, se vuoi annotandole su un foglio a parte. Ti verranno utili in seguito. Quando meno te lo aspetti. E, forse, neppure quando ti vengono richieste.

Come mi considero?

1) ....

....

....

2) ....

....

....

3) ....

....

....

4) ....

....

....

5) ....

....

....

Abbandona per un istante la scrittura, e dedicati alle immagini. Non ti schernire con la scusa che il disegno non è il tuo forte. Puoi sempre usare forbici e colla e applicare qui un ritaglio di giornale, un pezzettino di stoffa, il petalo di un fiore…

Quale colore e simbolo mi rappresentano?

Questo punto è quello sul quale gran parte delle persone trova le maggiori difficoltà. Una sorta di pudore infatti spinge molti a bloccarsi, e a non completare la lista.

Credimi, hai molto di più che dieci pregi. Il tuo problema dovrebbe essere semmai non avere abbastanza spazio...

Quali sono i miei pregi, fisici e morali?

1) ....

2) ....

3) ....

4) ....

5) ....

6) ....

7) ....

8) ....

9) ....

10) ....

Siamo all'altra faccia della medaglia: quali sono i difetti che ti riconosci? Ci sono alcuni difetti che sai di avere e di cui gli altri non si accorgono? Scrivilo, e valuta se sono davvero difetti, o sei tu a considerarli tali.

Ci sono alcuni aspetti della tua personalità che agli occhi degli altri appaiono come difetti, ma tu ritieni che non lo siano? Scrivi anche questo.

Quali sono i miei difetti, fisici e morali?

1) ....
....

2) ....
....

3) ....
....

4) ....
....

5) ....
....

6) ....
....

7) ....
....

8) ....
....

9) ....
....

10) ....
....

"Nessuno è perfetto" non è soltanto un luogo comune… è la verità. In che cosa senti che potresti essere migliore di come sei adesso? Quali sono i tuoi obiettivi?
Anche se ora ti sembrano lontani e irrealizzabili, fermali sulla carta.

È il primo passo verso un impegno formale che stai prendendo nei tuoi confronti. Una dichiarazione di intenti, che si può trasformare in un vero e proprio programma. I preliminari di un contratto per una vita migliore.

Come voglio migliorare?

1) ……………………………………………………………………………………

……………………………………………………………………………………………

2) ……………………………………………………………………………………

……………………………………………………………………………………………

3) ……………………………………………………………………………………

……………………………………………………………………………………………

4) ……………………………………………………………………………………

……………………………………………………………………………………………

5) ……………………………………………………………………………………

……………………………………………………………………………………………

6) ……………………………………………………………………………………

……………………………………………………………………………………………

7) ……………………………………………………………………………………

……………………………………………………………………………………………

8) ……………………………………………………………………………………

……………………………………………………………………………………………

9) ……………………………………………………………………………………

……………………………………………………………………………………………

10) …………………………………………………………………………………

……………………………………………………………………………………………

Ciascuno di noi ha dei sogni, delle speranze, delle utopie che, anche se possono apparire lontane e indistinte, indicano comunque una direzione.

Questo spazio è dedicato al tuo futuro. E forse non solo al tuo... Coinvolge qualcun altro. Questo qualcun altro lo sa e condivide i tuoi desideri? Perché? E come mai non si sono ancora realizzati?

Hai spazio qui sotto per riflettere, e per scrivere ciò che veramente desideri.

Quali sono i miei desideri?

1) ....

....

2) ....

....

3) ....

....

4) ....

....

5) ....

....

6) ....

....

7) ....

....

8) ....

....

9) ....

....

10) ....

....

Raggiungere l'autostima

Una pratica fondamentale per accrescere il nostro potenziale, trovare la forza per affrontare i momenti difficili e raggiungere la serenità, è credere in noi stessi.

Abbandona ogni insicurezza e credi fermamente in ciò che fai. Solo così acquisirai quel potere personale in grado di plasmare le ombre nelle sfumature della tua personalità unica.

La tua Anima è un catalizzatore, pronta ad accogliere ogni vibrazione positiva e a respingere quelle negative.

Il momento di scegliere se essere un ostacolo alla tua felicità o accoglierla in tutta la sua gloria, è ora.

Scrivi ora sia il complimento più bello sia l'offesa più scottante che hai mai ricevuto.

Qual è per me il complimento più bello?

E l'offesa più scottante?

Focalizzati adesso sul complimento, ricorda in quale occasione e da chi lo hai ricevuto.

Quale è stata la tua reazione?

Ripeti ad alta voce il complimento fino a quando non annienterà l'offesa.

Guardati allo specchio e individua i tuoi punti di forza.

Non fermarti al lato estetico. Guardati dentro.

Che cosa dicono i tuoi occhi del tuo carattere? In che modo le tue labbra riescono a pronunciare le parole giuste al momento giusto? Le tue mani sanno esprimere la tua volontà?

Quali sono i miei punti di forza?

Concentrati sui punti di forza che hai individuato. Focalizzati su quelli, fino a quando non vedrai più i difetti.

Ripeti come un mantra che ti piaci, così come sei. Di' al tuo riflesso nello specchio che ti apprezzi. Se infondi questa sicurezza agli altri, gli altri ti vedranno risplendere.

Credi in te, nella forza che hai appena scoperto di avere: è la migliore arma contro chi mina la tua autostima.

Combatti le tue paure

Ognuno di noi ha incertezze, timori, dubbi, indecisioni. Non lasciare che le tue paure divengano terrore. E che il terrore esploda nel panico.
Hai tutte le armi a disposizione per evitare questo rischio, e per fronteggiare qualsiasi altro pericolo potrebbe mai arrivare in futuro.

Conosci davvero le tue paure? Oppure incombono su di te tanto che non riesci nemmeno a descriverle adeguatamente, a connotarle nei dettagli, a collocarle in un dove e in un quando ben precisi? Usa lo spazio qui sotto per rendere concreto ciò che adesso è paura della paura.

Descrivi le tue paure, prova a disegnarle, usa i colori che ti ispirano; solo quando prenderanno forma potrai sconfiggerle definitivamente.

Quali sono le mie paure?

Ora che hai identificato l'oggetto, la forma e le caratteristiche delle tue paure, sei in grado di vincerle.

Le conosci, quindi le puoi sconfiggere. Mettiti alla prova.
Ogni giorno prefissati di superare un tuo ostacolo. Parti con piccole sfide, non scoraggiarti, prova e riprova fino a quando non riesci a vincerle.

Dopo ogni sfida premiati sempre con qualcosa che ti arrechi piacere.
Queste pagine ti serviranno per appuntare le tue esperienze riguardo alla paura, i tuoi obiettivi e a celebrare le tue vittorie.

☞ Prove per vincere le mie paure

Oggi ....
....

Ho vinto la paura di ....
....
....

In questo modo ....
....
....
....
....
....

Il mio premio è ....
....
....

Oggi ....
....

Ho vinto la paura di ....
....
....

In questo modo ....
....
....
....
....
....

Il mio premio è ....
....
....

Oggi ....

....

Ho vinto la paura di ....

....

....

In questo modo ....

....

....

....

....

....

Il mio premio è ....

....

....

Oggi ....

....

Ho vinto la paura di ....

....

....

In questo modo ....

....

....

....

....

....

Il mio premio è ....

....

....

LO SPECCHIO DELL'AFFERMAZIONE

Siamo tutti portati a creare una nostra realtà che riflettiamo nel mondo esterno come fosse uno specchio.
Se guardi con attenzione, nel riflesso si vede anche la tua Ombra.

Osservati bene davanti a uno specchio, rilassati e cerca il riflesso del tuo bambino interiore, è lui che si diverte a giocare con le ombre ed è lui stesso un'Ombra che va solo perdonata, abbracciata e amata.
Trovalo, proteggilo e ripeti a voce alta le affermazioni qui riportate, tante volte quante sono necessarie per sentirle sgorgare naturalmente dalla tua Anima.

- **Accolgo ogni aspetto della mia personalità**
- **Onoro il mio bambino interiore**
- **Amo il mio bambino interiore**
- **Proteggo il mio bambino interiore**
- **Curo le ferite del mio bambino interiore**
- **Io valgo più di quanto credo**
- **Io amo e sento l'amore degli altri**
- **Io rispetto e mi rispetto**
- **Posso raggiungere ogni mio obiettivo**
- **Non devo negarmi la felicità**

Cerca l'equilibrio e l'armonia fuori di te

Hai appena trovato la strada per vivere in armonia con la tua Ombra.

Affidati all'assertività e alla comprensione. La tua Anima è ora conscia di quanto vale e hai finalmente scoperto che la tua natura non è quella che induce a una sottomissione, ma è quella di illuminare di saggezza sia chi vuole soffocarti, sia le tue stesse ombre.

È adesso tempo di esplorare e visualizzare i pregi, ma anche i difetti, di chi sta intorno a te: del partner, dei familiari o degli amici.

Cerca di creare un equilibrio fra le loro qualità positive e negative.
Scrivi le tue riflessioni in queste pagine vuote.

Se trovi il rapporto troppo disarmonico, in senso negativo, allontanati: sei ancora in tempo.
Troverai in te la forza necessaria per andare verso la strada della luce.

Nome	....
Rapporto con me (parente, amico, partner, collega ecc.)	....
Pregi	....
Difetti	....

Nome

Rapporto con me (parente, amico, partner, collega ecc.)

Pregi

Difetti

Nome

Rapporto con me (parente, amico, partner, collega ecc.)

Pregi

Difetti

Nome

Rapporto con me (parente, amico, partner, collega ecc.)

Pregi

Difetti

Nome

Rapporto con me (parente, amico, partner, collega ecc.)

Pregi

Difetti

Il cerchio delle Ombre

Questo esercizio serve per localizzare quali ombre danzano intorno a te e dentro di te, e insegna come accompagnarle in questa danza.
Per fare ciò può essere d'aiuto focalizzare e visualizzare qual è il posto che ritieni di occupare nel mondo e quale posto occupano gli altri nel tuo universo.

Questo esercizio ha la funzione di individuare quali ombre interferiscono con le tue decisioni e la tua felicità, chi e cosa desideri vicino a te, e chi invece lontano. Quali ombre infine, per il tuo bene, è meglio escludere dal tuo personale spazio sacro.
È un rituale di autocoscienza e richiede la massima sincerità, nonché la massima concentrazione.
Se può esserti utile, accendi un mazzo di rametti di salvia, di palo santo o dei bastoncini d'incenso per aiutare la concentrazione e creare l'atmosfera più adatta all'apertura delle porte della tua mente. Lascia che le volute di fumo profumato purifichino l'ambiente scelto per il rituale.
Concentrati e riempi lo schema qui riportato seguendo le indicazioni illustrate nelle pagine successive.

CERCHIO CENTRALE

Nel cerchio al centro, proprio nel mezzo, scrivi il tuo nome, a lettere chiare e a tratto deciso.
Tu sei il centro del tuo universo.
Ora ripeti ad alta voce il tuo nome per tre volte, aumentando il tono, fino a gridare.

Io sono...................
Io sono...................
Io sono..................!

La voce e il canto sono un veicolo per arrivare all'anima e congiungerla con il mondo esterno in una catena di emozioni che si trasformano in vibrazioni sonore potentissime.

Scrivi qui sotto le sensazioni che hai provato dopo aver più volte pronunciato il tuo nome e aver preso coscienza della tua esistenza.

☞ Le sensazioni che ho provato dopo aver pronunciato ad alta voce il mio nome sono:

....
....
....
....
....
....
....
....
....
....
....
....
....
....

Alcune persone reagiscono a questo esercizio con emozioni forti: possono passare dall'esaltazione al pianto, dal sollievo all'imbarazzo. Non te ne vergognare, lasciale fluire, sono reazioni del tutto naturali e liberatorie.

Cerchio mediano

Nell'anello che tocca il tuo cerchio personale scrivi i nomi delle persone e degli esseri senzienti, ma anche i sentimenti, uno sport, un'attività artistica, un concetto astratto che avverti più vicini a te e che non vorrai mai escludere dalla tua vita. Non porti limiti, esprimi liberamente ciò che fluisce dal tuo cuore, più che dal tuo cervello.

Adesso, per ciascuno dei soggetti che hai individuato, scrivi il sentimento che ti suscita.

Non vorrei mai escludere... perché...

Soggetto	Motivo

Cerchio esterno

Nell'anello più esterno del cerchio scrivi tutto quello e tutti quelli che possono entrare nel tuo spazio sacro unicamente sotto tuo preciso invito (possono essere familiari, amici o sensazioni e circostanze che vuoi solo quando lo decidi tu).

Cerca di concentrarti soprattutto su quali delle tue ombre vuoi tenere con te, trasformandole, e quali ombre vestite da abitudini, comportamenti, vizi, vuoi allontanare per sempre da te perché le reputi dannose.

Vorrei includere solo su mio invito... perché...

Soggetto	Motivo

Fuori dal cerchio esterno

Al di fuori del cerchio delle ombre esilia tutto ciò che vuoi allontanare dalla tua vita e tutto quello che non permetterai mai più che entri in contatto con te.

Voglio allontanare da me... perché...

Soggetto	Motivo

Essendo la natura umana mutevole, puoi ripetere periodicamente il rituale e confrontare l'evoluzione dei tuoi cerchi personali.

Questa pratica è molto utile per concentrarti su di te, accrescendo il potenziale individuale e per fare chiarezza nella tua vita.

Concediti anche un tuo personale "tempo sacro" in cui ti dedicherai unicamente a ciò che ti rende felice, in questo modo ti ricaricherai di energie creative allontanando le negatività.

L'Ombra e il sogno

La notte è il regno delle ombre e del sogno. I sogni sono veicoli diretti per interagire con il nostro inconscio, e l'analisi dei sogni può essere uno strumento valido per invitare la tua Ombra a rivelarsi.

Nel sogno l'Ombra mostra spesso la sua parte estroversa, desiderosa di connettersi e comunicare con la coscienza tramite persone del passato, ricordi, sensazioni che lasciano una traccia anche dopo il risveglio.

COME SI MANIFESTA L'OMBRA NEI SOGNI

In una grande casa di città, dove vivevo, erano presenti molte stanze, di alcune delle quali, specialmente nelle cantine, ignoravo l'esistenza. Queste stanze non avevano porte, e ciò mi creava una sensazione di profondo disagio, anche perché mi rendevo conto che chiunque avrebbe potuto entrare in casa mia, senza che me ne accorgessi. Dal cortile della casa era possibile entrare in altre abitazioni, in cui vivevano altre persone. Da una di queste uscì un giovane, che con aria molto amichevole mi disse che eravamo stati compagni di scuola alle elementari. Lo riconobbi, e iniziammo a passeggiare insieme, chiacchierando. A metà della passeggiata arrivammo in un prato, dove alcuni cavalli, bellissimi, ci vennero incontro al galoppo.

Un sogno molto simile a questo viene descritto da Jung nelle pagine di *L'uomo e i suoi simboli*, pubblicato postumo nel 1964. I vari elementi del sogno possono essere interpretati, secondo la visione junghiana, come il fatto che la mia Ombra (le stanze segrete e ignote in una casa che mi appartiene) è comunque in comunicazione sia con me (le stanze senza porte) sia con gli altri (gli appartamenti vicini), anche nei suoi aspetti più reconditi (le cantine, che non sapevo nemmeno che esistessero). Essa rispecchia una parte di me che sento vicina, ma che in un certo senso appartiene al passato (il vecchio compagno di scuola), e con la quale posso comunque avere un rapporto piacevole (la passeggiata e la conversazione) e addirittura di ammirazione e rispetto (i cavalli al galoppo).

L'Ombra, durante i sogni, può prendere molte forme: non di rado assume quelle di un alter ego della tua personalità, un individuo o un'entità simile a te ma che in un certo senso ti si contrappone per qualche aspetto che differisce da te (o da come ti percepisci). Può avere il volto giovanile di un tuo compagno di scuola, oppure essere un animale inquietante come un lupo o un gufo, oppure attraente e dinamico come uno splendido cavallo di razza. Non di rado si confronta con te cambiando genere (per esempio da uomo a donna), ruolo (per esempio da padre a figlio, o da maestro ad allievo), età (da giovane a vecchio) e così via.

Piccola apertura nascosta che conduce alla parte più intima dell'Anima, come la definisce Jung ne *La realtà dell'anima* (1949), il sogno apre uno spiraglio su uno stadio precedente alla coscienza: una fase in cui la razionalità ancora non ha avuto il predominio.

Un ponte con l'Ombra

I sogni, quindi, rappresentano una sorta di "ponte", sono ciò che permette all'Ombra di passare sull'altra riva, verso la presa di coscienza consapevole, e, nell'altro senso, alla tua coscienza di superare il baratro ed esplorare il lato inconscio di te.

Detto in altro modo, i sogni sono il tramite fra la persona[1] che rappresenta il tuo essere cosciente, così come appare a te e al mondo, e l'Ombra, che rappresenta il tuo lato nascosto e inconscio. Più l'Ombra viene negata e ricacciata verso il lato oscuro, più diventerà grande e pretenderà il suo spazio. Dai sogni si può capire il grado di integrazione della nostra Ombra con la coscienza e la tendenza alla proiezione sugli altri.

Sappiamo come nella pratica psicanalitica i sogni abbiano un'importanza determinante: rappresentano in un certo senso il "momento della verità", quella fase in cui i nostri pensieri, le nostre paure, i nostri desideri e le nostre sensazioni fluiscono senza i vincoli della razionalità che spesso ci imponiamo.

---

[1] Il termine "persona" proviene dalla identica parola latina che significa "maschera", vale a dire il travestimento che indossavano gli attori nel teatro antico e che serviva per amplificare ("per-sonare") il suono della voce. Nella psicologia di Jung, si intende con persona proprio la "maschera" che ciascuno di noi indossa e con la quale interagisce con il mondo. La contrapposizione fra i due aspetti della tua Anima, quindi, risiede nel rapporto tra come razionalmente appari o vuoi apparire (la persona, appunto) e il tuo lato nascosto (l'Ombra), che influenza senza che tu te ne renda conto i tuoi comportamenti e i tuoi pensieri.

Durante questa fase di introspezione è importante decodificare e accogliere quali messaggi notturni ti mandano le ombre dal tuo inconscio. Possono essere simboli rivelatori che celano traumi sepolti o problemi irrisolti che si manifestano nell'oscurità.

Utilizza queste pagine per descrivere i sogni più significativi di questo tuo cammino evolutivo, saranno rivelatori.

I miei sogni

Oggi ....

....

Ho sognato che ....

....

....

....

....

....

....

....

Durante la giornata è successo che ....

....

....

....

....

....

....

....

....

....

Il mio sogno potrebbe significare che ....

....

....

....

....

....

....

....

....

....

Oggi ....

....

Ho sognato che ....

....

....

....

....

....

....

....

....

....

....

....

....

....

....

....

Durante la giornata è successo che ....

....

....

....

....

....

....

....

....

....

....

....

Il mio sogno potrebbe significare che ....

....

....

....

....

....

....

....

....

Oggi ....

....

Ho sognato che ....

....

Durante la giornata è successo che ....

....

Il mio sogno potrebbe significare che ....

....

VISUALIZZA LA TUA OMBRA

Adesso che hai iniziato ad acquisire familiarità con la tua Ombra, è arrivato il momento di visualizzarla.
In un primo momento potrà sembrarti qualcosa di informe, vischioso, denso e minaccioso. Osservala. Guarda da quali paure e ansie è formata. Concentrati su di essa, fino a quando non la sentirai reale nella tua mente.

Non è facile, né immediato, ma con un po' di pratica tutti possono riuscire a visualizzarla.
Aiutati con le sensazioni. Scindi l'Ombra nelle singole paure: osservale da una prospettiva distaccata, individuane una e concentrati fino a fronteggiarla, per accoglierla e in questo modo svincolarla e stanarla dal suo nascondiglio.

Le pagine che seguono propongono 100 domande, a ciascuna delle quali è dedicata una sessione di meditazione. Alcune di esse ti appariranno più semplici, per altre invece le tue risposte comporteranno un lavoro introspettivo più intenso.
Se a un primo approccio tutto questo ti può sembrare caotico e disorientante, inizia scegliendo per esempio un solo aspetto negativo che hai individuato nella tua sfera comportamentale, prendici confidenza, addomesticalo, piegalo e plasmalo fino a trasformarlo in un agente di guarigione al servizio del tuo benessere.

INTERROGA LA TUA ANIMA IN CENTO DOMANDE (E OLTRE...)

Il tuo percorso di lavoro sull'Ombra è un viaggio trasformativo verso la completezza. Come ogni viaggio, richiede impegno, tempo e dedizione.

Scrivi giornalmente in questo diario emozionale le tue sensazioni, le tue riflessioni, le tue vittorie e le tue sconfitte, seguendo i temi proposti in queste pagine.
Potrai tornare indietro, aggiungere elementi alle domande alle quali hai già risposto, perfezionare e integrare i tuoi pensieri con riflessioni che nel frattempo si saranno presentate alla tua mente.
Niente di ciò che scriverai deve essere considerato come definitivo: stai vivendo un momento di evoluzione e di trasformazione. È quindi normale che con il progredire del tuo percorso tu veda le cose sotto una luce diversa.

Il tuo sarà un lavoro di costruzione, lento ma prezioso, in cui ciascun passaggio, seppur piccolo, ha la sua importanza.
Le 100 domande che seguono coprono una vasta area di argomenti che toccano il tuo rapporto con l'Ombra.

Se però ne hai altri più personali, aggiungili alla lista, inserendo le tue domande al termine di quelle qui proposte.

Il tuo percorso è appena iniziato: la strada potrà sembrarti lunga, ma la luce che è in te non si spegnerà mai.

Seguila.

1 - Quali sono le mie ombre?

2 - Qual è il mio peggiore incubo?

3 - Quali sono gli elementi ricorrenti dei miei sogni più spaventosi?

4 - Ho mai sognato le mie ombre?

5 - Che cosa mi provoca ansia?

6 - Quale aspetto di me ho paura di esplorare?

7 - Che cosa mi ferisce di più?

8 - Quali sono le critiche più aspre che mi rivolgo?

9 - Qual è il mio dono più grande?

10 - Qual è il mio rimorso più grande?

11 - Qual è il mio rimpianto più grande?

12 - Quale senso di colpa ha minato il mio comportamento?

13 - Ho mai fatto intenzionalmente del male a qualcuno?

14 - Ho dei nemici?

15 - Qual è l'umiliazione più scottante che ho subito?

16 - Ho saputo perdonare i torti subiti in passato?

17 - Ho saputo perdonarmi per gli errori che ho commesso?

18 - Quale rapporto ho con la vendetta?

19 - Sono consapevole e responsabile di ciò che faccio?

20 - Quando è stata l'ultima volta che i pregiudizi hanno offuscato la mia opinione?

21 - Ho mai provato terrore per l'abbandono e la solitudine?

22 - Sono capace di farmi valere quando subisco un'ingiustizia? In quali modi?

23 - Che cosa voglio assolutamente nascondere agli altri?

24 - Che cosa voglio assolutamente comunicare agli altri?

25 - Che cosa voglio dimostrare per ottenere l'approvazione altrui?

26 - Mi sono mai sentita una persona sbagliata in confronto agli altri?

27 - Mi sento più a mio agio per conto mio o quando sono in compagnia?

28 - Ho fiducia nel prossimo?
Quali sono i modi che ho per dimostrarlo?

29 - Quando è stata l'ultima volta che il mio comportamento si è rivelato una delusione?

30 - Mi reputo spesso migliore degli altri? Perché?

31 - Mi reputo spesso peggiore degli altri? Perché?

32 - Quali e quante bugie mi racconto per non affrontare la mia vera personalità?

33 - Cosa nascondo dietro la mia eccessiva generosità?

34 - Penso prima alle mie necessità e al mio benessere o a quelli degli altri?

35 - Quando è stata l'ultima volta che ho fatto un passo indietro per amore di qualcuno?

36 - Investo più risorse per me o per gli altri?

37 - Quali emozioni mi nego? Che cosa non mi concedo?

38 - Sono o non sono tollerante?

39 - Quando è stata l'ultima volta che ho meritato di farmi un regalo?

40 - Quale vuoto voglio colmare quando eccedo nei vizi?

41 - Quale vuoto voglio colmare con le spese eccessive?

42 - Quali dei miei comportamenti in famiglia sono generati dall'Ombra?

43 - Quali dei miei comportamenti al lavoro sono generati dall'Ombra?

44 - Quali dei miei comportamenti in una relazione sentimentale sono generati dall'Ombra?

45 - Quali dei miei comportamenti in una relazione di amicizia sono generati dall'Ombra?

46 - Qual è la cosa peggiore che ho fatto in vita mia?

47 - Ho mai la sensazione di dovermi punire per qualcosa che ho fatto?

48 - Quando è stata l'ultima volta che ho deluso i miei genitori?

49 - Quando è stata l'ultima volta che i miei genitori sono stati fieri di me?

50 - Qual era la più grande paura della mia infanzia? L'ho vinta? Come?

51 - Quando è stata l'ultima volta che ho guardato con orgoglio a come sono o a ciò che ho fatto?

52 - Qual era il più grande desiderio della mia infanzia? L'ho realizzato?

53 - Ho mai avuto un rapporto di sintonia con la mia Ombra?

54 - Qual è stato l'evento cruciale che ha cambiato la mia adolescenza?

55 - Quali eventi – positivi o negativi – sono stati determinanti per la mia formazione?

56 - Qual è il mio primo ricordo negativo?

57 - Quando ho pianto l'ultima volta?

58 - Sono di una competitività eccessiva?

59 - Ho mai lasciato che la depressione scegliesse per me?

60 - Quali sono le cattive abitudini che vorrei abbandonare ma dalle quali non riesco a distaccarmi?

61 - Ho mai provato gelosia? Se sì, come ho gestito quel sentimento?

62 - In quali situazioni considero o ho considerato giustificata la mia gelosia?

63 - Che cosa mi fa scattare la rabbia?

64 - Che cosa riesce a calmare la rabbia che provo?

65 - Temo in modo eccessivo la vecchiaia?

66 - Come vorrei svegliarmi ogni giorno?

67 - Come vorrei addormentarmi ogni sera?

68 - Metto al primo posto il mio lavoro o i miei affetti?

69 - Quali sono le maschere che indosso più spesso?

70 - Nelle mie relazioni, seguo modelli ricorrenti?

71 - Ho mai avuto comportamenti negativi che mi hanno sorpreso?

72 - Ho mai avuto reazioni positive che mi hanno sorpreso?

73 - Rivedo in me i difetti dei miei genitori?

74 - Ho la volontà di cambiare ciò che non mi piace di me?

75 - Riesco a rinunciare facilmente alle abitudini?

76 - I cambiamenti, anche quelli positivi, mi destabilizzano?

77 - Mi è capitato di aver paura di perdere il controllo?

78 - Qual è la più grande promessa (fatta a me o ad altri) che ho infranto?

79 - Quali delle mie abitudini sono innescate dall'Ombra?

80 - Qual è stato il mio fallimento più grande?

81 - Qual è stato il mio successo più importante?

82 - Qual è il mio segreto inconfessabile?

83 - Come mi sentirei se altri fossero a conoscenza del mio segreto?

84 - Qual è la fantasia che mi piace cullare?

85 - Sono più spesso triste o felice?

86 - Che cosa mi rende triste in questo momento?

87 - Che cosa mi rende felice in questo momento?

88 - Per che cosa provo invidia?

89 - Per che cosa provo rancore?

90 - Qual è il lato oscuro di me che vorrei accettare di più?

91 - Sono disponibile per gli altri?

92 - Gli altri sono disponibili per me?

93 - Mi sono mai sentita una persona incompresa?

94 - Ho dato agli altri la colpa di queste incomprensioni?

95 - Quanto è importante l'amore nella mia vita?

96 - È più importante amare o essere amati? E nel mio caso, quale delle due cose si è verificata maggiormente o con più frequenza?

97 - Ho mai fatto follie per amore?

98 - Mi reputo una persona coraggiosa?

99 - Ho paura di ciò che non conosco?

100 - Che cosa significa per me la libertà?

Una lettera al passato

Ora che hai analizzato ed elaborato le tue ombre e la tua Anima ha perfezionato il dialogo con se stessa, sei quasi alla fine del cammino di guarigione suggerito dallo *Shadow Work Journal.*

Prova adesso a ricordare la tua infanzia, i tuoi sogni, le tue paure, e pensa a quante cose sono cambiate, a quanti desideri hai realizzato, a come hai deluso o riempito di orgoglio il bambino che per troppo tempo hai dimenticato, ma che è ancora rannicchiato in te.

Risveglialo dolcemente, riconnettiti con il tuo passato, ricorda, percepisci quell'energia sottile che ancora ti lega all'infanzia e scrivi una lettera autentica alla persona che eri tanti anni fa.

UNA LETTERA AL FUTURO

Adesso, così come hai saputo riconnetterti con il tuo passato, con una parte della tua infanzia, scrivi una lettera questa volta indirizzata a chi sarai in futuro: confidagli le tue speranze, rendi il tu di domani partecipe delle tue fasi della vita ed esprimi gratitudine per essere il primo germoglio di come sboccerai negli anni.

LA LISTA DELLA GRATITUDINE

Stai ormai terminando il percorso del tuo lavoro sull'Ombra.
Stila una lista delle cose e delle persone per le quali provi gratitudine e concludi il cammino verso l'autoconsapevolezza celebrandolo con un tuo rituale personale: può essere una danza improvvisata, un canto, l'atto di accendere una candela, un'offerta, qualsiasi cosa che simboleggi e celebri la fine gloriosa di un percorso molto importante per la tua spiritualità.

Gioisci per tutte le esperienze e tutte le persone che hanno contribuito a formare la tua personalità.

Ringrazia soprattutto *te*, per aver imparato, con questo rito di passaggio appena compiuto, a raggiungere la tua libertà e a volerti bene, in tutta la tua completezza.

Conclusione

Queste pagine stanno terminando. Ma non è terminato il tuo lavoro sull'Ombra.

La tua Anima deve sentirsi libera di ricominciare quando e se ne sente il bisogno, di ripercorrere le pagine già scritte, di guardare indietro per prendere lo slancio necessario a un ulteriore balzo in avanti.

Prova a fare un ultimo esperimento: senza controllare le pagine precedenti, riempi nuovamente le schede che seguono. Poi chiudi il quaderno, e domani fai un confronto tra quello che avevi scritto prima e ciò che hai scritto adesso.

Comportati onestamente, e non sbirciare…

Chi sono, adesso?

....
....
....
....
....
....

Come mi vedo, adesso?

1) ....
....
2) ....
....
3) ....
....
4) ....
....
5) ....
....

Quale colore e simbolo mi rappresentano, adesso?

Quali sono i miei pregi, fisici e morali, adesso?

1) ....
2) ....
3) ....
4) ....
5) ....
6) ....
7) ....
8) ....
9) ....
10) ....

Quali sono i miei difetti, fisici e morali, adesso?

1) ....
2) ....
3) ....
4) ....
5) ....
6) ....
7) ....
8) ....
9) ....
10) ....

Come voglio migliorare?

1) ....
2) ....
3) ....
4) ....
5) ....
6) ....
7) ....
8) ....
9) ....
10) ....

Quali sono i miei desideri?

1) ....
2) ....
3) ....
4) ....
5) ....
6) ....
7) ....
8) ....
9) ....
10) ....

Il confronto tra ieri e oggi

Adesso puoi confrontare ciò che avevi scritto in passato con ciò che hai scritto in queste ultime pagine.

Cosa noti di diverso?

Quello che avevi scritto allora rispecchia ciò che hai scritto adesso?

Quanto tempo è passato?

Che cosa è successo, nel frattempo?

Hai scritto le stesse cose?

Nello stesso modo?

Con la stessa calligrafia?

La tua scrittura è più o meno sicura?

Consiglieresti lo *Shadow Work Journal* a qualcuno a cui tieni? Perché?

Spero che tu abbia fatto un buon viaggio...

Bibliografia

R. Bly, *Il piccolo libro dell'Ombra. Guida alla scoperta del nostro lato oscuro*, prefazione di Claudio Risé, traduzione italiana di A. Sabbadini, Red, Como 1992.

A. Carotenuto, *Le lacrime del male*, Bompiani, Milano 2002.

A. Carotenuto, *Nel mondo dei sogni*, Di Renzo Editore, Roma 2017.

J. Jacobi, *La psicologia di C.G. Jung*, Boringhieri, Torino 1973.

Jung e la filosofia, in «L'ombra», vol. V, Moretti e Vitali, Bergamo 2015.

C. G. Jung, *Analisi dei sogni. Seminario tenuto nel 1928-30*, a cura di W. McGuire; traduzione italiana di L.Perez, Bollati Boringhieri, Torino 2006.

C. G. Jung, *Coscienza, inconscio e individuazione*, Boringhieri, Torino 1985.

C. G. Jung, *Gli archetipi dell'inconscio collettivo*, in *Opere*, vol. IX sez. I, Bollati Boringhieri, Torino 2008.

C. G. Jung *La psicologia della traslazione*, in *Opere*, vol. XVI sez. II, Bollati Boringhieri, Torino 1991 (1946).

C. G. Jung, *La realtà dell'anima*, Astrolabio, Roma 1949.

C. G. Jung, *Les métamorphoses de l'âme et ses symboles*, Georg Editeur, Ginevra 1953 (1912).

C. G. Jung, *L'Io e l'inconscio*, in *Opere*, vol. VII, Bollati Boringhieri, Torino 2012.

C. G. Jung, *L'uomo e i suoi simboli*, Raffaello Cortina Editore, Milano 1996.

C. G. Jung, *Mysterium Coniunctionis*, in *Opere*, vol. XIV, Bollati Boringhieri, Torino 1991 (1955).

C. G. Jung, *Psicologia dell'inconscio*, Bollati Boringhieri, Torino 1983 (1912-42).

C. G. Jung, *Psicologia e religione*, in *Opere*, vol. XI, Boringhieri, Torino 1979.

C. G. Jung e A. Jaffé, *Ricordi, sogni, riflessioni*, Il Saggiatore, Milano 1965.

C. G. Jung, *Simboli della trasformazione*, in *Opere*, vol. V, Bollati Boringhieri, Torino 1973 (1912).

C. G. Jung, *Tipi psicologici*, Bollati Boringhieri, Torino 1977 (1921).

P. S. Mauro, *Jung e l'autoanalisi. Dall'Ombra alla coscienza*, Libreria Editrice Psiche, Torino 2016.

G. Orwell, *1984*, Giunti, Firenze 2023.

C. Risé, *Diventa te stesso*, Red, Novara 2003.

R. L. Stevenson, *Lo strano caso del dottor Jekyll e di mister Hyde*, traduzione di Luciana Pirè, Giunti, Firenze 2024.

L. Tovazzi, *Il lato oscuro dell'uomo: l'Ombra nella psicologia analitica di C.G. Jung*, tesi di laurea, 2018.

M. Trevi e A. Romano, *Studi sull'Ombra*, Raffaello Cortina Editore, Milano 2008.

M-L. von Franz, *Il mito di Jung*, traduzione italiana di Elena Schanzer e Luigi Aurigemma, Bollati Boringhieri, Torino 2014.

M-L. von Franz, *L'eterno fanciullo, l'archetipo del «Puer aeternus»*, traduzione italiana di Maria Cristina Baldi, Red, Como 1989; con prefazione di Ida Regina Zoccoli Francesini, TEA, Milano 1997.

C. Zweig e S. Wolf, *Romancing the Shadow*, Ballantine, New York 1997.